SILVIO PELLICO

LAS CASAS
(BARTOLOMEO DE LAS CASAS)

Abbozzo di romanzo inedito
conservato nell'archivio storico
del comune di Saluzzo

Lulu.com

3101 Hillsborough Street

Raleigh, NC 27607

USA

Printed in 2016

Disponibile anche in formato kindle

Per informazioni: cristinacontilli@alice.it

Grazie alla dottoressa Giancarla Bertero, direttrice dell'Archivio Storico del Comune di Saluzzo e al professor Ignazio Castiglia, ricercatore presso l'Università di Palermo e studioso di storia del teatro dal '600 all'800, per la preziosa collaborazione.

IL MANOSCRITTO

L'archivio storico del comune di Saluzzo contiene diversi autografi di Silvio Pellico provenienti da varie donazioni, la più consistente delle quali venne fatta nel 1863 dalla sorella Giuseppina, in occasione della realizzazione di un monumento, voluta dal comune a pochi anni di distanza dalla morte dello scrittore.

Tra questi manoscritti c'è n'è uno poco conosciuto intitolato Las Casas scritto sulla carta arrangiata che i prigionieri politici usavano durante la detenzione allo Spielberg, come attesta un documento di autentica di Giuseppina Pellico.

Questa carta di consistenza spessa e di un colore giallo / marrone ha conservato il testo del Pellico, ma non in perfette condizioni perché, trattandosi di carta per altro uso che i detenuti rinforzavano con mollica di pane, ha assorbito molto l'inchiostro, dilatandolo in alcuni punti.

Probabilmente per questi motivi sono pochi gli studiosi del Pellico che finora si sono occupati del Las Casas, definendolo in modo sbrigativo un abbozzo di tragedia, ideato durante la detenzione e poi rimasto tra i tanti progetti iniziati e abbandonati dal Pellico.

La struttura del testo non corrisponde, però, a quella di una tragedia né per numero di personaggi (una decina in tutto), né per partizione (il testo è diviso in quattro parti principali segnate con i numeri romani), né per durata dell'azione che inizia nel 1513 e termina tre anni dopo.

Protagonista come indica il titolo è il frate domenicano Bartolomeo de Las Casas che viene mostrato come esempio di religioso che vuole convincere gli indigeni a convertirsi al cristianesimo senza forzarli e soprattutto senza assoggettarli con la violenza. I suoi antagonisti sono due: il Cacicco Lora che si è rivoltato contro gli spagnoli e il nobile Albuquerque, inviato dal re Ferdinando per ripartire gli indios tra i diversi possidenti dell'isola di Santo Domingo. Non è, quindi, un testo del tutto religioso o edificante perché mostra anche dei religiosi che sono disposti a usare la forza contro la popolazione locale (Albuquerque rappresenta, infatti, oltre agli interessi della monarchia anche quelli dell'ordine francescano), ma non lo definirei neppure un testo anticlericale come fa Aldo Mola nella sua biografia del Pellico, l'ultimo testo anticlericale di un Pellico che stava finendo di maturare in prigione il suo ritorno alla fede cristiana e nutriva ancora dei dubbi su come la Chiesa si era comportata in passato.

LA TRAMA

Trattandosi di un abbozzo la trama è delineata in modo preciso, ma non molto fluido dal Pellico che spesso per far capire l'atteggiamento dei vari personaggi inserisce dei brevi dialoghi, risentendo della sua esperienza di autore teatrale.

Per esempio per far capire che il Cacicco Lora non si fida più degli spagnoli, neppure di quelli animati da buone intenzioni come Las Casas, gli fa dire: "al laccio di apparente virtù fummo traditi" e, dopo aver detto questo, coerentemente il Cacico ordina ai suoi di uccidere Las Casas, nel caso egli venga catturato.

Così Albuquerque che rappresenta gli interessi della corona spagnola afferma senza mediazioni: "Io seguo le istruzioni che ho dalla Spagna. Guzmano or va a Madrid, egli ne porterà nuove armi e i voleri del re e sarà nostro compito obbedire e combattere".

Da buon romantico il Pellico non può far mancare in mezzo a guerre e tumulti una storia d'amore contrastata e così fa innamorare Rodrigo figlio di Albuquerque con l'indigena Glenira.

L'azione, dopo essersi svolta nella prima parte nell'isola di

Santo Domingo dove gli indios si sono rivoltati e sono stati poi sconfitti dagli spagnoli, si sposta alla corte di Madrid. Las Casas che è riuscito a fuggire e a salvarsi si è imbarcato per la Spagna e vuole parlare con il re Ferdinando, ormai morente, per spiegargli qual è la reale situazione a Santo Domingo e ottenere un diverso trattamento degli indigeni. Il re gli promette che lo aiuterà, ma poi muore e sarà il suo successore Carlo V a racchiudere in un decreto le richieste di Las Casas. E' interessante che nel finale, mentre Las Casas si preoccupa di ottenere giustizia, Guzmano si preoccupa di ottenere, riuscendoci grazie alla sua insistenza, la nomina a governatore di Santo Domingo.

CONFRONTI ED OSSERVAZIONI

Secondo le Memorie di Andryane giravano allo Spielberg clandestinamente tra i detenuti grazie alla complicità di parte del personale del carcere libri, lettere e persino abbozzi di opere letterarie. La sua testimonianza è finora sembrata poco credibile agli storici che si sono occupati del Pellico, ma è indubbio che Pellico nelle lettere a Federico Confalonieri si è lamentato di ciò che Andryane aveva raccontato come di imprudenze e di indiscrezioni, ma non come di invenzioni. Si può pensare che una persona riflessiva e prudente come il Pellico non volesse compromettere nessuno, non solo tra gli ex compagni di prigionia, ma anche tra coloro che a vario titolo lavoravano in carcere e che ritenesse poco opportuno anche a distanza di anni palesare in un libro di Memorie certe complicità e infrazioni al regolamento carcerario.
Probabilmente molti abbozzi del Pellico sono stati distrutti, come racconta di aver fatto lo stesso Andryane, prima di qualche perquisizione straordinaria delle celle dei detenuti, compiuta dai funzionari inviati periodicamente da Vienna e

questo spiega perché a Saluzzo oltre a questo abbozzo siano rimasti soltanto altri tre fogli che contengono una serie di date storiche che partono dal 1200 e arrivano al 1600.

Forse Pellico le aveva scritte per fare un esercizio di memoria in un luogo dove la solitudine e la mancanza di contatti con il mondo esterno potevano compromettere le capacità intellettuali di una persona oppure oltre a questo gli servivano come spunto per romanzi o tragedie che sperava di comporre di nascosto durante la prigionia né si può escludere che in altri archivi come per esempio quello della *Civiltà Cattolica* si conservino ancora altri abbozzi composti dal Pellico in carcere.

Dal punto di vista della trama è interessante notare come Pellico abbia deciso non di mescolare storia ed invenzione sulla scia di Manzoni, ma di lavorare solo con personaggi storici reali, scelta che farà dopo il carcere anche in alcune tragedie come il *Tommaso Moro* e il *Corradino*.

Avendo poche informazioni sui libri a disposizione dei detenuti non è facile stabilire quali siano state le sue fonti anche se Pellico potrebbe aver letto la storia di Las Casas in uno dei libri che riceveva dal cappellano dello Spielberg: l'imperatore austriaco aveva proibito, infatti, ai detenuti di leggere a partire dal 1826 i libri che si erano portati dall'Italia e aveva stabilito che potessero leggere solo libri edificanti.

Attraverso una ricerca su google libri ho trovato un libro intitolato Storia delle Missioni cattoliche dove si descrive in termini abbastanza dettagliati il contrasto sorto tra Albuquerque e Las Casas in termini simili a come fa Pellico nel proprio romanzo: lo scrittore potrebbe aver letto dunque o questo libro o qualche testo simile che poteva rientrare in quel genere di letture morali non pericolose che l'imperatore era disposto a concedere ai detenuti.

Inizialmente avevo pensato che Pellico potesse aver conosciuto le vicende dei primi missionari delle Americhe e in particolare di Las Casas nel periodo in cui seguiva l'elaborazione di un libro purtroppo perduto di Ludovico di Breme intitolato *La Chiesa e i suoi nemici* che Pellico nomina nei frammenti della sua autobiografia, composti nel 1835 e conservati sempre a Saluzzo.

In quest'opera Di Breme voleva mostrare come i nemici fossero non tanto esterni, quanto interni alla stessa chiesa, ma come, nonostante tutti i contrasti che c'erano stati nella storia della chiesa, questo fatto non togliesse valore alla religione. Il Las Casas di Pellico sembra costruito sullo stesso tipo di ragionamento, può essere dunque che all'epoca in cui aiutava Ludovico a scrivere quest'opera storica attorno al 1816-1818 Pellico si fosse documentato sui periodi più controversi della storia della chiesa e fosse rimasto colpito dalle vicende dei primi missionari nelle Americhe e in particolare dalla storia di Las Casas.

Tuttavia a rimettere in discussione questa ipotesi concorre il fatto che il testo del Las Casas sembra fin troppo preciso per essere stato scritto interamente a memoria senza l'ausilio di nessun libro storico o religioso: i protagonisti, infatti, sono tutti personaggi reali, la vicenda copre un periodo piuttosto lungo dal 1513 al 1516, in più tutti i personaggi hanno dei nomi spagnoli neanche tanto facili da ricordare a memoria come Rodrigo De Albuquerque o Guzmano o lo stesso Cacicco Lora capo della popolazione locale che si è ribellata ai dominatori.

Le fonti del Pellico possono comunque essere state di vario tipo, storiche, ma anche letterarie, per esempio la storia d'amore tra Glenira e Rodrigo ricorda la storia d'amore che lega i protagonisti della tragedia Alzira di Voltaire.

IL LAS CASAS NELLA TRASCRIZIONE DI
DOMENICO CHIATTONE

Las Casas. I.

1. Il Cacico, ultimo dell'isola, in fuga sulle più alte cime dell'isola.
2. È condotto un prigioniero, e riconosciuto Las Casas. Ilba rammenta i benefizi di questo europeo; il Cacico se ne ricorda, ma dice: al laccio di apparente virtù fummo traditi. Costui si serbi. Io vado all'ultima battaglia. S'io cado immolatelo. 3. *Piazza di S. Domingo.* Albuquerque cerca di sedare un tumulto eccitato dai Domenicani. Questi ascrivono le nuove sciagure al sistema di rigore: i Francescani e Albuquerque dicono che questa guerra non è sciagura, giacchè il nemico è vieppiù soggiogato, non soggiogato ma distrutto: è questo lo scopo della religione. Quando il sistema di Las Casas era seguito, gli isolani senza essere schiavi erano più soggetti, erano più benevoli al cristianesimo. Il popolo grida che si segua Las Casas. Ma dov'è? Egli pone sempre la sua preziosa vita in pericolo etc. Albuquerque risponde con minaccie a tanta insolenza. Dice: o seguo le istruzioni che ho dalla Spagna. Gusmano or va a Madrid,

Nel 1901 è probabile che il manoscritto fosse in condizioni migliori delle attuali, tuttavia, rispetto al Chiattone io ho avuto la possibilità di scannerizzare il testo e ingrandirlo sullo schermo del mio portatile quindi nella seconda riga ho letto: "è riconosciuto in Las Casas", poi "Alburquerque evita di sedare" (e non cerca di sedare il che giustifica il successivo intervento di Guzmano per sconfiggere e catturare il Cacicco Lora), e così "quando il sistema di Las Casas era seguito gli isolani erano qui soggetti" (qui inteso come Santo Domingo dove un sistema diverso adottato da Las Casas permetteva di far convertire la popolazione locale senza dominarla con la forza), per questo nella frase seguente Alburque afferma: "Io seguo le istruzioni che ho dalla Spagna: Guzmano or va a Madrid, egli ne porterà nuove armi e i voleri del re e sarà nostro compito obbedire e combattere"

egli ne porterà nuove armi e i voleri del re, e sarà nostro l'obbedire e il combattere. Ma chi viene? 4. Come tu qui, Gonsalvo, ch'io aveva posto alle fauci dei monti? dice: fummo ancora assaliti dai forsennati selvaggi, ma ora spero la guerra finita: il cacico Lora è preso: eccolo. 5. Gioia d'Albuquerque vedendo Lora. Questi rimprovera la perfidia dei Cristiani, e narra della figlia rapita. Rodrigo confessa, ma dice che quest' atto è giustificato. Lora voleva dar Glenira a un selvaggio; essa amava Rodrigo, ed egli è certo di ridurla al battesimo. Albuquerque si sdegna contro il figlio, e vuol saper dov'è Glenira (1). Uno accusa Rodrigo del ratto di Glenira, egli confessa ma si giustifica, etc. Il popolo vuole che si rimandi Glenira per riavere i prigioni. Rodrigo vuole opporsi colle armi. Albuquerque lo disarma, e si fa venire 4. Glenira. 5. Gonsalvo. 6. Il Cacico. Questo dice non daranno Las Casas per Glenira; ho intimato che s'io cado lo immolino: egli o è già divorato, o sta per esserlo. Tumulto nel popolo; si rimandi dunque il Cacico. Egli vuole con sè Glenira, la tiene in pegno minacciando di trucidarla cogli altri prigioni se non mantiene la parola. Il Cacico dice: non sono europeo. 7. Gusmano mette alla vela.

II. Las Casas legato, e selvaggi addormentati. Invano egli ricorda a uno l'avergli data la libertà. 2. Ilba lo libera. 3. Ilba. 4. Il Cacico. Furore dei selvaggi non trovando più Las Casas. Ilba confessa: il Cacico torna a S. Domingo. 5. *Piazza di S. Domingo*. Festa del popolo ricevendo Las Casas. 6. Il Cacico ridomanda Glenira. Albuquerque vuol essere sicuro della pace, Rodrigo sostenuto da Poblo dice che non si può ridare ai selvaggi Glenira disposta al battesimo. Albuquerque, tu starai qui onorato sino al ritorno di Gusmano. S'egli consente che ti si renda la libertà etc. Las Casas sostiene altamente il Cacico invano.

III. La corte di Madrid. Gusmano si lagna con un ministro che, da tanti giorni che è a Madrid, non abbia ancora potuto ottenere ciò che ha domandato. 2. Il re concede a Gusmano etc. *S. Domingo*. 3. Il Cacico e Glenira sono invano consigliati da Rodrigo a ricevere il battesimo. Rodrigo dice: sappiate che si minaccia farvi perire come infedeli. Invano. Ebbene, dice Rodrigo, ho fatto quel che ho potuto per salvarvi senza tradire mio padre; ma giacchè altrimenti io non posso, sono pronto a liberarvi. Domanda i suoi uomini. Ma è stato tradito, etc. 4. Albuquerque e detti. Rodrigo è dichiarato ribelle: egli ha favorito la partenza di Las Casas.

IV. Ferdinando moribondo, non vogliono annunziargli Las Casas. Las Casas fa udire la sua voce. Ferdinando vuole ascoltarlo. 2. Las Casas. Riverenza del re per lui. Las Casas dice: tu non morrai tranquillo se etc. Il re si commove, promette, ma sviene: muore. Dolore di Las Casas. — *Fiandra* o altrimenti, finchè Las Casas ottiene da Carlo V il decreto di mitigamento.

Nella seconda pagina il manoscritto è ancora più rovinato, ma nelle ultime righe io a differenza del Chiattone leggo: "Tu non morirai tranquillo se non libererai i prigionieri (penso riferito a Glenira e Rodrigo) e sotto scritto in direzione opposta: "Il cacico non sapeva se gli Americani erano..." ma non sono certa che il soggetto della frase sia il Cacicco perché a volte Pellico lo scrive maiuscolo, altre volte minuscolo come in questo caso).

LE FOTO DEL MANOSCRITTO
GLI ALTRI AUTOGRAFI DI PELLICO
COMPOSTI ALLO SPIELBERG

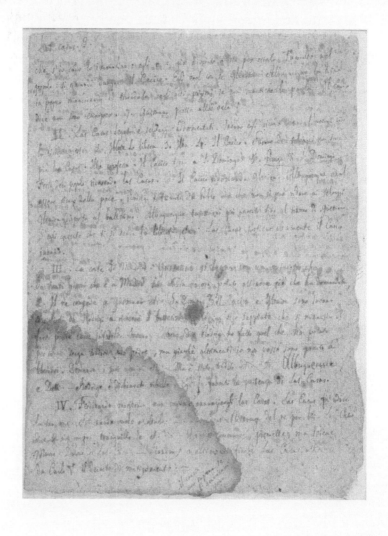

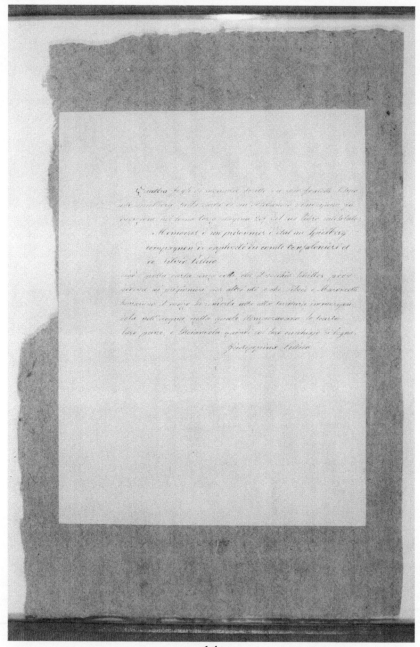

14

1504. Si fanno le paci, qui tolto il dominio
di ascesa nel regno di Napoli, e Ferdinando
d'Aragona è vincitore.

    1503. Muore Alessandro VI. e
    gli succede Pio III. e a questi Giulio II.

1508. La lega di Cambray.

1513. Muore Giulio II. e a lui succede Leone X.

1515. Muore Lodovico XII. e a lui succede
Francesco I.
    (Massimiliano Sforza figlio di
    Lodovico il Moro essere riacquistate le
    state paterno, vien la cede a Franc.° I.
    e si ritira in Francia.

1517. Fine della guerra contro Venezia.

1527. Roma è presa dagl'Imperiali e
Clemente VII. è chiuso per più mesi in
Castel S. Angelo.

1534. A Clem. VII succede Paolo III.

1547. Muore Francesco I.
1626. Francesco Maria II. duca d'Urbino
figlio non avendo speranza di succedere
cede il suo stato ai Papa.

1570. I Turchi tolgono l'isola di Cipro
ai Veneziani.

    (1512. Concilio Lateranense
    fino al 1517 — e poi riaperto
    a Trento nel 1545.—
    Per opera di Carlo V. fu sospeso
    ... nel 1551. di ripigliare:—
    Sospeso nel 1552. fu riaperto
    1562. e dani tutto il 1563.)

1346. Carlo IV. è tornato re de Romani da Clemente VI

1354. Viene in Italia

1368. Vi ritorna

1378. A Carlo IV succede f. Venceslao

1399. Venceslao è deposto dagli elettori, e gli

1400 succede Roberto duca di Baviera.

1401. Roberto viene in Italia contro i Visconti, ma nulla può.

1410. A Roberto viene Sigismondo fratello di Venceslao

1438. A Sigismondo, Alberto d'Austria.

1440. Ad Alberto, Federigo d'Austria

1452. Federigo viene a Roma a ricevere la corona imp.

1468. Torna a Roma per divozione.

1493. A Federigo, s.f. Massimiliano

1496. Massimiliano viene in Italia del Moro

1519. A Massimiliano, Carlo V.

(La fine del secolo 14° e il principio del 15° furono molto agitati dalla scisma d'Occidente

Urbano VI }   { Clemente VII
                     { |
Bonifacio IX }   3 { Benedetto XIII

Innocenzio VII
Gregorio XII

1. Alessandro V
            |
2. Gio. XXIII

1414. Si apre il concilio di Costanza

1417. Deposti i tre papi Gregorio, Giovanni e Benedetto nominano Martino V.

1438. Eugenio IV

1438. Eugenio ordinò la traslazione del concilio in Basilea — a Ferrara, ma invano, e così si fanno due concilj distinti.

1439. Il concilio di Ferrara il papa a Firenze, e quello di Basilea deposto Eugenio IV elegge Felice V, cioè Amedeo VIII. duca di Savoja.

1447. Muore Eugenio IV e gli succede Nicolò V.

1449. Felice V rinunzia

(Nel secolo 13° e 14° i Montefeltri ... più volte cacciati e rimessi in Urbino — Nel 1375 ...
... 1508 in ... da ... per ... Francesco Maria della Rovere nipote ... di Giulio II.)

1416. Amedeo VIII d'Savoja ottiene
dall'Imp. Sigismondo il tit. di duca.

1418. Morì Lodovico, princip. di Piemonte
e d'Acaja, il rimanente passa ad Amedeo.

1427. Amed. VIII ottiene anche Vercelli

1434. Si ritira a Ripailles e fa succedere
suo f. Lodovico che assume il go-
verno nel territorio milanese.

1465. il Lodovico, Amedeo IX suo figlio (web)

1472. A Am. IX suo f. Filiberto

1482. A Filiberto, suo frat. Carlo

1489. A Carlo, suo figlio Carlo II

1496. A Carlo, Filippo figlio di Lodovico

1497. Muore d'Aggi e gli succede suo figlio
Filiberto II.

1504. A Filib. II suo f. Carlo III.

1553. Carlo III muore a Vercelli, e gli succ.
suo f. Emanuele Filiberto.

1580. A Eman. Filib. succe suo figlio
Carlo Emmanuele

1630. Muore Carlo Eman. I e gli succ. il
Vittorio Amedeo I.

16.. A V.A.I. succ dopo varie turbolenze
suo figlio Carlo Eman. II.

1675. A Carlo Eman. II. succede suo f.
Vittorio Amedeo II., il quale che poi si
titolò fu Re.

Vitt. Eman. III.
Vitt. Eman. III.
Carlo Eman. IV.
Vitt.

1386. re d'Napoli Ladislao

1414. Giovanna II sua sorella.

1435. Rinato fratello d'Lodovico III. d'Anjou

1442. Alfonso d'Aragona spoglia Rinato

1458. Ferdinand of d'Alfonso

1475. Alfonso II...... Napoli d'gran re Carlo VIII.

1466. A Francesco Sforza duca di Milano
succede suo f. Galeazzo Maria.

1476. Galeazzo Maria ucciso, e gli succ. S. f.
Gian Galeazzo Maria fanciullo, per cui
Lodovico il Moro regge per lui.

1494. Muore Gian Gal. Maria e gli
succede Lodovico il Moro. — Venuta di
Carlo VIII in Italia.

1495. Carlo VIII torna in Francia.

1496. Muore Ferdinando di Napoli, e
gli succ. suo zio Federigo

1498. Muore Carlo VIII, e gli succ. suo
cugino Lodovico XII.

1499. Lodovico il Moro fugge in Germania, e
Milano è preso da' francesi.

1500. Torna Lodovico il Moro, ma è fatto prigione
e mandato nel Berry, ove morì ancora vivo...
.... nel castello di
Loches.

1501. Regno di Napoli è spogliato Federigo
resta a Lodovico XII. e il rè ... di Francia

1504. ne muore...
Nel secolo XV. l'Italia ebbe gran
pittori. — Scuola Veneta — Tiziano, Tinto-
retto dei Martori, giorgione — Scuola e Scuola
romana — ... Caravaggio... Niccolò Pontormo
il Volano — e ... Toscana. —

305. finire in Giovanni la linea retta
de' marchesi di Monferrato. Gli succede,
come marito d' Irene sua sorella,
Teodoro, figlio d' Andronico Comneno,
ma questi [...] ucciso in Monferrato;
trova questo paese in gran parte occupato
dal marchese di Saluzzo e da Casa [...]
per [...] Roberto re di Napoli.

1336. Muore Teodoro e gli succede suo f.
Giovanni II.

1372. A Giovanni [...] Secondotto,

1378. Secondotto [...] odiato è ucciso,
e gli succede suo fr. Giovanni III.

1381. Giov. III è ucciso in battaglia e
gli succede Teodoro suo fratello.

1418. Muore Teodoro II e gli succede
suo figlio Gian Iacopo [...]
è spogliato da Filippo Maria Visconti.

1435. La pace rende a Teodoro II tutti
i suoi stati.

1445. Muore Teod. II e a lui [...]
suo f. Giov. IV.

1464. Muore Giov IV e gli succ. suo
fratello Guglielmo VIII.

1483. A Gugl. VIII succede suo fr.
Bonifacio.

1493. A Bonifacio succede suo figlio
e Guglielmo IX.

1518. A Gugl. IX succ. suo f. Bonifacio.

1530. A Bonifacio succede gran [...]
suo zio paterno. — E gli
finiron i marchesi di Monferrato. —
Questo stato disputato dai Gonzaga e
dalla Casa di Savoia, è poi stato devoluto
a questa.

1277. Mastino della Scala è ucciso.

1301. Muore Alberto suo fratello e gli
succede suo f. Bartolomeo.

1304. A Bartolomeo succede suo fratello
Alboino.

1311. Ad Alboino succede suo fratello
Can Grande.

1329. A Can Grande succedono
i suoi nipoti Alberto e Mastino II.

1351. Muore Mastino II.

1352. [...] Alberto e gli succede
Can Grande II figlio di Mast. II.

1359. Can G. II è ucciso da Can Signor
suo fratello che gli succede insieme a
Paolo Alboino altro fratello.

1375. Questi è fatto uccidere da Can Signor
che muore [...] e gli [...]
i suoi figli Bartolomeo e Antonio.

1381. Bartolomeo è ucciso da Antonio.

1388. Antonio perduta la signoria di Verona
muore miseramente.

SCHEDA BIOGRAFICA AGGIORNATA E PRINCIPALI EDIZIONI DELLE OPERE DI SILVIO PELLICO:

Il poeta, scrittore e patriota Silvio Pellico muore il 31 gennaio 1854 a Torino, un martedì di 162 anni fa, all'età di 65 anni.

Fu poeta romantico e autore di tragedie, ma la sua notorietà si deve, soprattutto alla prigionia decennale nelle carceri austriache ed al romanzo che ad essa si ispirò.

Di salute delicata fin dall'infanzia, dovette studiare privatamente, prima a Saluzzo e poi a Torino.
Quando il padre si trasferì a Milano, Silvio fu mandato da certi parenti a Lione, dove si educò in un' atmosfera rivoluzionaria.

Tornato a Milano nel 1810, entrò in amicizia con Ugo Foscolo.

A Milano insegnò francese nel Collegio degli Orfani; fu poi ospite, in qualità di precettore, in casa Porro Lambertenghi, dove conobbe il gruppo di poeti romantici che diede vita al giornale "Il Conciliatore", nonostante le minacce della polizia che nel 1819 lo soppresse.

Entrò quindi in contatto con il movimento carbonaro e fu iscritto alla Società; venne arrestato e rinchiuso nelle carceri di Santa Margherita e, sottoposto a processo, fu condannato a morte il 6 dicembre 1821.

La pena fu poi commutata in quindici anni di carcere duro nel castello dello Spielberg; fu liberato nel 1831.

In seguito fu assunto come bibliotecario nella casa della marchesa di Barolo e vi rimase fino alla morte.

La pubblicazione de "Le mie prigioni" attirò su di lui le invettive dei reazionari, per questo motivo vi aggiunse altri capitoli dove, senza rinnegare i suoi principi, l'autore condannava le rivoluzioni in nome del Vangelo.

"I doveri degli uomini" (1834), scritti nello stesso spirito, ebbero anche grande diffusione.

Vita sentimentale

Silvio Pellico ebbe due storie d'amore importanti nella sua vita. La prima fu con l'attrice Teresa (Gegia) Marchionni: la relazione, contrastata dalla famiglia di Pellico (che non voleva vederlo unito a un'attrice) e sofferta (perché all'inizio non ricambiata), si concluse bruscamente nell'ottobre del 1820 a causa dell'arresto dello scrittore. La seconda fu con la nobildonna Cristina Archinto Trivulzio: Pellico si innamorò della dama nell'estate del 1819 ma ella sposò nel novembre dello stesso anno il conte milanese Giuseppe Archinto. I due innamorati si rividero solamente nel 1836, ma dovettero passare altri 12 anni prima di ritrovarsi definitivamente.

Religiosità

Durante la prigionia in carcere (durata dal 1820 al 1830) iniziò per Silvio Pellico un periodo di profonda riflessione personale che lo portò a riabbracciare la fede cristiana, che aveva abbandonato durante la giovinezza. Un compagno di prigionia, il conte Antonio Fortunato Oroboni lo avvicinò nella fede religiosa.

«E se, per accidente poco sperabile, ritornassimo nella società" diceva Oroboni "saremmo noi così pusillanimi da non confessare il Vangelo? da prenderci soggezione, se alcuno immaginerà che la prigione abbia indebolito i nostri animi, e che per imbecillità siamo divenuti più fermi nella credenza?"

"Oroboni mio" gli dissi "la tua dimanda mi svela la tua risposta, e questa è anche la mia. La somma delle viltà è *d'esser schiavo de' giudizi altrui, quando hassi la persuasione che sono falsi. Non credo che tal viltà né tu né io l'avremmo mai.»*

(Silvio Pellico, *Le mie prigioni*, cap. LXX.)

Durante i lunghi dieci anni di prigionia, il Pellico partecipò regolarmente alla messa domenicale. Dal carcere scrisse al padre nel 1822: *"Tutti i mali mi sono diventati leggeri dacché ho acquistato qui il massimo dei beni, la religione, che il turbine del mondo m'aveva quasi rapito."*

Pellico ringraziò la Provvidenza dedicandole le ultime righe de *Le mie prigioni*:

«"Ah! delle mie passate sciagure e della contentezza presente, come di tutto il bene e il male che mi sarà ancora serbato, sia benedetta la Provvidenza, della quale gli uomini e le cose, si voglia o non si voglia, sono mirabili stromenti [sic] ch'ella sa adoprare a fini degni di sé.»

(Silvio Pellico, *Le mie prigioni*, cap. IC.)

Tornato in libertà, fu assunto dai marchesi di Barolo (Torino), Carlo Tancredi Falletti e Giulia Colbert, collaborando alle loro attività benefiche e religiose. Nel 1851 Pellico e Giulia Colbert Faletti entrarono nel laicato francescano come terziari.

Numerosi soni i suoi scritti:

- *Eufemio di Messina tragedia di Silvio Pellico*, Milano, Tip. di Vincenzo Ferrario, 1820.

- *Opere di Silvio Pellico da Saluzzo*, Bologna, Tipografia delle Muse nel Mercato di Mezzo, 1821.

- *Opere di Silvio Pellico*, Parigi, dai torchi di Amedeo

Gratiot, presso Thiériot libraio, 1841.

- *Cantiche*, Bologna, Presso il Nobili e Comp., 1831.

- *Le mie prigioni: memorie di Silvio Pellico da Saluzzo*, Torino, Giuseppe Bocca, 1832.

  ○ Traduzioni francesi: *Mes prisons: memoires de Silvio Pellico de Saluces*, traduits de l'italien et precedes d'une introduction biographique par A. De Latour, ed. ornee du portrait de l'auteur et augmentee de notes historiques par P. Maroncelli, Paris, H. Fournier jeune, 1833. - *Mes prisons: memoires de Silvio Pellico*, traduction nouvelle, Bruxelles, Societé dis Beauxaris, 1839.

  ○ Traduzioni inglesi: *My prisons: memoirs of Silvio Pellico*, Cambridge, Folsom, 1836. - *My imprisonment: memoirs of Silvio Pellico da Saluzzo*, translated from the italian by Thomas Roscoe, Paris, Thieriot, 1837.

  ○ Traduzione spagnola: *Mis prisiones: memorias de Silvio Pellico natural de Saluzo*, traducidas del italiano por D. A. Rotondo, precedidas de una introduccion biografica y aumentadas con notas de d. P. Maroncelli, 2ª ed., Madrid, Libreria extrangera de Denne y C., 1838.

- *Alle mie prigioni di Silvio Pellico addizioni di Piero Maroncelli*, Parigi, Baudry Libreria Europea, 1833.

- *Tommaso Moro: tragedia di Silvio Pellico da Saluzzo*, Torino, Giuseppe Bocca, 1833.

- *Dei doveri degli uomini: discorso ad un giovane di*

Silvio Pellico da Saluzzo, Torino, Giuseppe Bocca - A spese dell'Autore, 1834. Riproduzione digitale interamente accessibile in Google Books.

- *Eugilde della Roccia*, Torino, Stamperia Reale, 1834.

- *Il voto a Maria*, Torino: Tipografia eredi Botta, 1836 - In occasione dell'epidemia di colera del 1835 la città di Torino era stata consacrata alla Madonna e Pellico aveva scritto una poesia su questa vicenda anche come ringraziamento: infatti dopo il voto l'epidemia si era esaurita in breve tempo.

- *Il Sacro monte di Varallo: carme*, Varallo, coi tipi di Teresa Rachetti ved. Caligaris, 1836.

- *Poesie inedite di Silvio Pellico da Saluzzo*, Parigi, Presso Baudry Libreria Europea (dalla stamperia di Crapelet), 1837.

- *La morte di Dante*, 1837.

- *Per l'opera della propagazione della fede. Inni di Silvio Pellico*, [Torino], Dalla stamperia Racca ed Enrici, 1841 - Contiene gli inni Per l'invenzione di Santa Croce; Per la festa di San Francesco Saverio protettore dell'opera.

- *Ai reali sposi: omaggio della città di Torino*, Torino: Tipografia eredi Botta, 1842 (i reali sposi sono Vittorio Emanuele II e la prima moglie).

- *Canto funebre in morte dell'arciduchessa Maria Carolina sorella della duchessa di Savoia Maria Adelaide*, commento in una lezione di eloquenza da Guglielmo Audisio, Torino: Stamperia sociale degli artisti tipografi, 1844

- Poesia inedita, Sulla p. [7] fac-simile del carattere della poesia 'Augurio' il cui autografo si conserva in Roma presso Giovanni Torlonia, Roma, [s.n.], 1845.

- *Morale e letteratura. Scritti di Silvio Pellico e di Giuseppe Baretti*, Padova, A. Sicca e figlio, 1848.

- *Opere complete di Silvio Pellico da Saluzzo*, nuova ed. diligentemente corretta, Firenze, Le Monnier, 1852.

- *Notizie intorno alla beata Panasia pastorella valsesiana nativa di Quarona raccolte e scritte da Silvio Pellico*, Torino, P. De Agostini, 1854 ("Collezione di buoni libri a favore della cattolica religione").

- *Epistolario di Silvio Pellico*, raccolto e pubblicato per cura di Guglielmo Stefani, Firenze, Le Monnier, 1856.

  ○ Traduzione francese *Lettres de Silvio Pellico*, recueillies et mises en ordre par m. Guillaume Stefani, traduites et precedées d'une introduction par m. Antoine de Latour, 2ª ed., Paris, E. Dentu, 1857.

In francese
- *Trois nouvelles piémontaises par Silvio Pellico*; le comte De *** et M. De ***, Paris, Ladvocat, 1835 (contiene tre racconti ambientati nel Piemonte del medioevo, Pellico pubblicò in questa raccolta una versione in prosa della sua Eugilde, gli altri due autori erano il conte Balbo e il marchese De Barante).

- *Poésies catholiques de Silvio Pellico*, traduites par C. Rossignol, Lyon, chez Pélagaud et Lesne, 1838.

Edizioni postume e moderne

- *Adelaide o la fanciulla muta*, cantica - L'opera fu composta intorno al 1839, come risulta da una lettera al fratello Luigi in cui vengono riportati alcuni versi che Pellico aveva corretto, seguendo i suggerimenti del fratello.

- *Adella*, tragedia - La data di composizione è difficile da ricostruire perché l'opera non risulta citata nelle lettere del Pellico.

- Un'ottava inedita che inizia con i versi *Vuoi tu l'ama aver contenta* pubblicata nella *Revue contemporaine* del 1854 - Il testo si trova all'interno di un articolo che ricostruisce la vita del Pellico, citando molte lettere indirizzate dallo scrittore all'amico Gian Gioseffo Boglino, all'epoca ancora inedite (la prima edizione dell'epistolario del Pellico uscirà, infatti, due anni dopo). Questa ricostruzione della biografia del Pellico uscì sulla rivista in tre puntate firmata M. Marchese.

- *Le educatrici infantili* in «Il fiore», strenna poetica per l'anno 1855 - Si tratta di un poemetto che si riferisce senza dubbio alle suore dell'asilo per bambini poveri ospitato a palazzo Barolo di cui Silvio Pellico era responsabile.

- *In morte di Napoleone* in *Rivista nazionale contemporanea italiana*, volume 8 del 1856.

- *Epistolario*, raccolto e pubblicato per cura di Guglielmo Stefani, 1ª ed. napoletana, Napoli, Tommaso Guerrero, 1857.

- *Raffaella* (romanzo storico, composto probabilmente nell'inverno 1830-1831), Torino, Collegio degli artigianelli, tip. e libreria, 1877.

- *Pensieri religiosi e morali*, raccolti dalle sue lettere dal prof. Luigi Fabiani, Napoli, Tip. Napoletana, 1897.

- *Prose e tragedie*, scelte con proemio di Francesco D'Ovidio, Milano, Ulrico Hoepli, 1898.

- *Lettere alla donna gentile*, pubblicate a cura di Laudomia Capineri-Cipriani, Roma, Società editrice Dante Alighieri, 1901.

- *Laodamia*, tragedia (composta nel 1813), *Turno*, tragedia (composta nel 1813), *Boezio*, tragedia (composta nel 1831). Le tre opere furono pubblicate in I. Rinieri *Della vita e delle opere di Silvio Pellico*, Terzo volume, Torno, Libreria di Renzo Streglio, 1901.

- *Cola di Rienzo* (romanzo storico composto tra il 1817 e il 1820), in S. Pellico, *Lettere milanesi*, a cura di M. Scotti, Torino, Loescher-Chiantore, 1963.

- *Lettere milanesi (1815-21)*, a cura di Mario Scotti, Torino, Loescher-Chiantore, 1963 (Supplemento al "Giornale storico della letteratura italiana").

- *Breve soggiorno in Milano di Battistino Barometro*, cura di Mario Ricciardi; con una appendice di articoli dal "Conciliatore", Napoli, Guida, 1983.

- Giulia di Barolo, *Viaggio per l'Italia: lettere d'amicizia a Silvio Pellico (1833-1834)* - Silvio Pellico, *Piccolo diario*, Casale Monferrato, Piemme, 1994.

- *Vita della beata Panacea*, con note storico-critiche a

cura di Mario Perotti, Novara, Interlinea, 1994.

Opere derivate

- *Le mie prigioni*, sceneggiato televisivo RAI del 1968 diretto da Sandro Bolchi

Manoscritti

- Saluzzo, Biblioteca Civica.

- *Le mie prigioni: memorie di Silvio Pellico da Saluzzo*, a cura di Aldo A. Mola, introduzione di Giovanni Rabbia, manoscritto fotografato da Giancarlo Durante, Saluzzo, Fondazione Cassa di risparmio di Saluzzo (stampa: Foggia, Bastogi) 2004.

- Alessandra Ferlenga, *Un originale di Silvio Pellico nell'Archivio Storico di Busalla* [*Memoria di Silvio Pellico al cav. Cibrario per la Storia di Torino*], Alta Valle Scrivia.

- Cristina Contilli, *Silvio Pellico: lettere inedite (1830-1853)*, tesi di dottorato, Università degli Studi di Macerata, discussa il primo marzo 2006.

Studi e contributi critici

- Aleksandr Sergeevič Puškin, *Su "I doveri degli uomini" di Silvio Pellico*, l'articolo apparve sul Sovremennik nel 1836 (Cfr. Aleksandr S. Puškin, *Opere*, Mondadori,

Milano, 1990-2006, pp. 1259-1261 ISBN 88-04-56255-2)

- Pietro Giuria, *Silvio Pellico e il suo tempo: considerazioni corredate da molte lettere inedite, poesie ed opinioni dello stesso Pellico*, Voghera, Tip. di Giuseppe Gatti, 1854.

- Alessandro Luzio, *Il processo Pellico-Maroncelli secondo gli atti officiali segreti*, Milano, Cogliati, 1903.

- Giovanni Sforza (storico), *Silvio Pellico a Venezia, 1820-1822*, Venezia, R. Dep. Veneta di Storia Patria, 1917.

- Raffaello Barbiera, *Silvio Pellico*, Milano, Alpes, 1926.

- Marino Parenti, *Bibliografia delle opere di Silvio Pellico*, Firenze, Sansoni antiquariato, 1952.

- *Saluzzo e Silvio Pellico nel 150° de "Le mie prigioni"*, atti del Convegno di studio (Saluzzo, 30 ottobre 1983), a cura di Aldo A. Mola, Torino, Centro Studi Piemontesi, 1984.

- Giancarla Bertero (a cura di), *Rassegna bibliografica di opere di Silvio Pellico: 1818-1910*, Saluzzo, Edelweis, 1989 ("Quaderni di attività divulgativa dell'Assessorato per la Cultura della Città di Saluzzo" 1).

- Miriam Stival, *Un lettore del Risorgimento: Silvio Pellico*, presentazione di Anna Maria Bernardinis, Pisa, Istituti editoriali e poligrafici internazionali, 1996 ("Biblioteca di studi e ricerche sulla lettura" 1).

- Elvio Ciferri, *Pellico Silvio*, in «Encyclopedia of the Romantic Era», New York-London, Fitzroy Dearborn,

2004

- Cristina Contilli, *Composizione, pubblicazione e diffusione de Le mie prigioni. Un percorso attraverso l'epistolario di Silvio Pellico*, Firenze, Edizioni Polistampa, 2004.

- Giovanna Zavatti, *Vita di Silvio Pellico e di Juliette Colbert marchesa di Barolo*, Milano, Simonelli Editore, 2004.

- Aldo A. Mola, *Silvio Pellico: carbonaro, cristiano e profeta della nuova Europa*, postfazione di Giovanni Rabbia, Milano, Tascabili Bompiani, 2005.

   ○ Leggi online due recensioni nel sito dedicato a Giovanni Giolitti.

- Cristina Contilli, *Le passioni di Silvio Pellico*, Torino, Edizioni Carta e Penna, 2006.

- Gabriele Federici, *I Santuarii di Silvio Pellico*, in "Otto/Novecento", a. XXXV, n. 1, gennaio/aprile 2011, pp. 125–129.

Era nato il 25 giugno 1789 a Saluzzo, Cuneo.

Scheda tratta da: http://tzonafranca.it/index.php/110-31-01-2016-silvio-pellico-l-uomo-di-lettere-patriota

Aggiornata e rivista sulla base delle traduzioni delle opere del Pellico conservate a Saluzzo

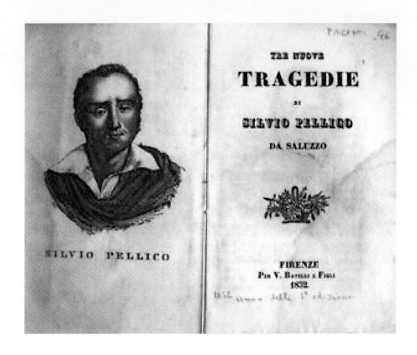

Un'edizione fiorentina de Le mie prigioni contemporanea
a quella pubblicata dall'Editore Bocca di Torino (1832).

Silvio Pellico aveva una sorella di nome Maria (Marietta) che si era fatta suora durante la detenzione del fratello e che è morta nel 1830 poco prima che lo scrittore venisse graziato e potesse riabbracciarla. Su queste circostanze uno scrittore francese dell'800 ha immaginato questa lettera del Pellico alla sorella che venne stampata nel 1855 ed ebbe una certa diffusione.

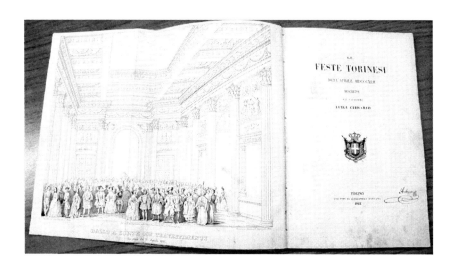

Nel 1842 a Felice Romani (apprezzato librettista dell'epoca) e a Silvio Pellico i decurioni della città di Torino affidarono il compito di scrivere due composizioni in versi dedicate al matrimonio del futuro re Vittorio Emanuele II. Il libro "Le feste torinesi del 1842" raccoglie oltre a queste due composizioni anche una descrizione dettagliata curata dallo storico torinese Luigi Cibrario delle iniziative organizzate per il matrimonio reale.

LE

MIE PRIGIONI,

MEMORIE

DI SILVIO PELLICO

DA SALUZZO.

Homo natus de muliere, brevi vivens tempore, repletur multis miseriis.

JOB.

PARIGI.

BAUDRY, LIBRERIA EUROPEA,
9, RUE DU COQ, PRÈS LE LOUVRE.

1838.

Una ristampa parigina de "Le mie prigioni"
a cura dell'editore Baudry, risalente al 1838.

GRAN TEATRO LA FENICE

QUESTA SERA DOMENICA 27 DICEMBRE 1835
Seconda Rappresentazione del Melodramma

GIOVANNA I. REGINA DI NAPOLI

Musica del Maestro ANTONIO GRANARA

Personaggi	Attori	Personaggi	Attori
GIOVANNA I, Regina di Napoli	Sign. *Ungher Carolina*	Il Conte CABANNO	Sig. *Ambrosi Antonio*
UGO, Duca d'Angiò, e Marito di Giovanna	Sig. *Salvatori Celestino*	ROBILDA	Sign. *N.N.*
ERRICO, Principe di Taranto	Sig. *Pasini Ignazio*	Cavalieri, Cortigiani, Dame, Ancelle, Guardie, Soldati, ec.

IL BALLO STORICO

GISMONDA

Composto e diretto dal Coreografo A. CORTESI

Personaggi	Attori	Personaggi	Attori
FEDERICO BARBAROSSA		GISMONDA	
Il MARGRAVIO d'Anhalt		GABRIELLA	
Il Conte MANFREDO		GIULIO	
ADELOTTO		RICCARDO	
ERMANNO		GIORGIO	

Nel primo Atto PASSO A DUE del Sig. *Venturi Giovanni* colla Sign. *Billocci Costanza.*
Nel terzo Atto PASSO A TRE del Sig. *Matthieu* colle Sigg. *Faque-Moulin* e *Lunelli*

Si alza la Tela alle ore 8 precise.

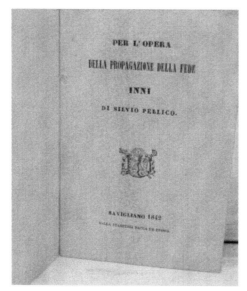

PER L'OPERA
DELLA PROPAGAZIONE DELLA FEDE
INNI
DI SILVIO PELLICO.

SAVIGLIANO 1842
DALLA STAMPERIA SACCA ED ONINI.

Una pubblicazione insolita per il Pellico:
due inni scritti per l'opera della Propagazione della fede
stampati a Savigliano per destinare poi l'importo della
vendita delle copie a favore dell'Opera stessa che si
occupava allora come ancora oggi di sostegno ai missionari.

FRANCESCA
DA RIMINI

TRAGEDIA

DI

SILVIO PELLICO

LONDRA 1818

Prima edizione a stampa della Francesca da Rimini, pubblicata dal conte Porro Lambertenghi senza l'autorizzazione dell'autore con la falsa indicazione di Londra

Silvio Pellico

Breve soggiorno
in Milano
di Battistino Barometro

Con una appendice di articoli dal « Conciliatore »

A cura di Mario Ricciardi

Guida editori

Prima edizione
del Battistino
Barometro,
versione
pellichiana
del Candide
di Voltaire,
pubblicato
a puntate sul
Conciliatore

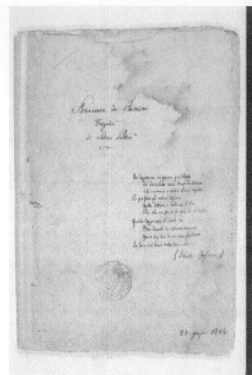

Prima versione del manoscritto della *Francesca da Rimini* con le postille di Ugo Foscolo nelle pagine iniziali

LE
MIE PRIGIONI,

MEMORIE

DI

Silvio Pellico

DA SALUZZO.

Homo natus de muliere, brevi vivens tempore repletur multis miseriis.

Job.

Lugano

Gius. Ruggia e C.

MDCCCXXXIII.

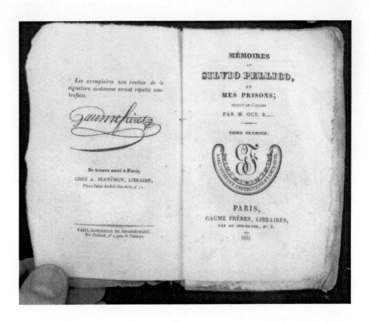

Schede biografiche e altre informazioni utili sui traduttori ottocenteschi di Silvio Pellico:

Biographie universelle, ancienne et moderne, ouvrage ...

https://books.google.it/books?id... - Traduci questa pagina
Ernest Desplaces, Louis Gabriel Michaud - 1843
... à Londres, vers 1770, il y exerça le ministère à la chapelle *hollandaise* de la cour. ... **L. WOILLEZ (*Madame*), femme de lettres, née en 1781, a laissé divers ... Une traduction des ouvrages de Silvio *Pellico*, mise au jour en 1839...**

www.ebay.fr/...Pellico...traduction-Mme...-/29156...

Traduci questa pagina
Silvio *Pellico*, Oeuvres choisies, 1863, *traduction Mme.* Woillez, illustré, Mame ... Silvio *Pellico*, *Mme* Woillez "Oeuvres Choisies" Mame 1851

https://fr.wikipedia.org/wiki/Catherine_Woillez

Auguste Clavereau - Wikipedia

https://nl.wikipedia.org/wiki/Auguste_Clavereau

Traduci questa pagina
Jan Frederik Helmers, La Nation *Hollandaise*, poëme en six chants, avec des notes, traduit d'après ... E.A. Borger, À mon enfant, dédié à *Mme* de Lamartine, 1836. ... **Silvio *Pellico*, Françoise de Rimini, tragédie en cinq actes et en vers, 1849.**

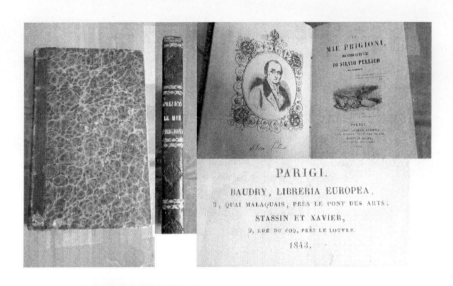

LE
MIE PRIGIONI,
MEMORIE ORIGINALI
DI SILVIO PELLICO
DA SALUZZO

PARIGI,
LIBRERIA EUROPEA DI BAUDRY,
3, QUAI MALAQUAIS, PRÈS LE PONT DES ARTS;
STASSIN ET XAVIER,
9, RUE DU COQ, PRÈS LE LOUVRE.

PARIGI.
BAUDRY, LIBRERIA EUROPEA,
3, QUAI MALAQUAIS, PRÈS LE PONT DES ARTS;
STASSIN ET XAVIER,
9, RUE DU COQ, PRÈS LE LOUVRE.
1843.

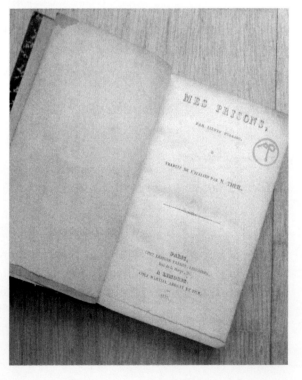

MES PRISONS,
PAR SILVIO PELLICO.

TRADUIT DE L'ITALIEN PAR M. TROB.

PARIS,
CHEZ LIBRAIRE PARENT, LIBRAIRES,
RUE DU B. HOTEL, 27,
A SAMEDDE,
CHEZ MARTIAL ARDANT ET FILS.
1837.

Lightning Source UK Ltd.
Milton Keynes UK
UKOW02n0344140416

272197UK00003B/54/P